Die Mädchen des Pensionats

Humoreske

Ernst Eckstein

Alpha Editions

This edition published in 2022

ISBN : 9789356903104

Design and Setting By
Alpha Editions
www.alphaedis.com
Email - info@alphaedis.com

Die Mädchen des Pensionats.

Die Zöglinge des Holger'schen Pensionats, acht rosige Mädchen von vierzehn bis siebzehn Jahren, saßen eifrig plaudernd beim nachmittäglichen Kaffee. Die Vorsteherin, Fräulein Adelgunde Holger, hielt sich seit gestern behufs der Abwickelung wichtiger Geschäftsangelegenheiten in der benachbarten Residenz auf. Miß Jobbington, die englische Lehrerin, litt wieder einmal an ihrer schrecklichen Migräne. So kam es, daß die jungen Damen ausnahmsweise sich selbst überlassen waren, ein Umstand, der indeß nach der Ansicht der liberal gesinnten britischen Dulderin wenig zu besagen hatte, da innerhalb des Pensionsgebäudes keinerlei Gefahr drohte, und Josephine, die älteste der Elevinnen, eine Art mütterlicher Autorität ausübte, vermöge deren sie die abwesende Beschützerin ganz befriedigend ersetzen konnte. Josephine war nämlich verlobt, wirklich und anerkanntermaßen verlobt. Von einer Braut erwartet man mit Recht eine gewisse Haltung. Auch entehrt es kein Mädchen, dessen Herz und Hand noch frei ist, sich der höheren Würde einer Braut unterzuordnen.

Josephine, Eulalie, Rosa, Martha, Iduna, Laurentia, Asta und Virginie saßen also in reizender Gruppirung beim Kaffee, als die greise Wirthschafterin auf der Schwelle erschien und die überraschende Mittheilung machte, ein junger, vornehmer Herr wünsche dringend die Vorsteherin des Pensionats zu sprechen.

Die Mädchen wechselten Blicke der Rathlosigkeit und der Neugierde.

Ein junger, vornehmer Herr wünscht dringend die Vorsteherin des Pensionats zu sprechen …

»Was soll ich sagen?« fragte die alte Barbara, indem sie mit der Rechten die derangirte Schürze glättete.

»Gehen Sie zu Miß Jobbington!« sagte Josephine.

»Das englische Fräulein hat sich eingeriegelt; sie will mit keiner Seele zu thun haben«, versetzte die Wirthschafterin.

»So sagen Sie, es sei Niemand zu Hause«, rief die schwarzlockige Asta mit lebhafter Stimme.

»Wie unhöflich!« bemerkte die aristokratische Virginie. »Der Herr hat doch bereits gehört, daß Barbara mit uns unterhandelt.«

»Er kann ja immerhin hereinspazieren, und sagen, was er will«, bemerkte Rosa.

»Aber wenn es Angelegenheiten betrifft, die … die man nicht vor aller Welt auskramen mag?« flüsterte die aschblonde Laurentia erröthend.

»Wir müssen ihm überlassen, ob er uns einweihen will oder nicht«, sagte die schlanke Rosa.

»Gott, am Ende ist es gar Otto«, raunte Eulalie der vollgewachsenen Iduna ins Ohr … »Er kömmt, um Fräulein Holger zu sagen, daß er mich liebt, daß sie mir die Freiheit zurückgeben muß …«

»Oder wäre es gar Ferdinand, der Bräutigam Josephinens?« entgegnete Iduna. »Er hat immer solche Sehnsucht nach ihr. O, ich sage Dir, sie erzählt mir manchmal Dinge …«

»Nun, was soll ich dem Herrn antworten?« fragte die ehrbare Wirthschafterin, ein wenig ungeduldig.

»Heißen Sie ihn eintreten!« sagte Josephine mit Würde.

Barbara ging. Eine halbe Minute später trat ein elegant gekleideter Herr in die Thüre und verneigte sich mit verführerischer Anmuth. Sein sorgfältig gescheiteltes Haar stimmte vortrefflich zu den langen weißen Fingern der rechten Hand, in welcher er den blinkenden Cylinderhut hielt, während die linke, von einem safrangelben Glacé-Handschuh bedeckt, graziös auf das großkarrirte Beinkleid herabfiel. Die etwas kreischenden Lackstiefel und der blonde, seidenweiche Cotelettbart vollendeten das Bild eines Gentleman comme il faut.

»Um Vergebung, meine Damen«, begann der Fremde, der weder Otto noch Ferdinand war, mit wohlklingender, wenn gleich etwas affektirter Stimme, »ich bin doch hier recht im Pensionate des Fräuleins Adelgunde Holger? …«

»Ja wohl, mein Herr«, sagte Josephine.

»Die Frau da draußen scheint mich nämlich nicht verstanden zu haben …«

»Sie ist etwas schwerhörig«, versetzte Martha.

»Sie befehlen?« fragte der Fremde.

»Sie hört nicht gut«, wiederholte die Angeredete, während ihr Antlitz sich mit flammendem Purpur bedeckte.

»Ah so! Nun, jedenfalls scheint sie mich mißverstanden zu haben. Ich suche nämlich …«

»Wollen Sie nicht gefälligst Platz nehmen?« sagte Josephine verbindlich.

»Ach ja, bitte, nehmen Sie Platz«, rief Rosa, die Schlanke.

»O, die Damen sind zu gütig …«

Die vollgewachsene Iduna wollte mit der ihr eigenen Herzlichkeit die Freundin überbieten und sprudelte heraus:

»Dürfen wir so frei sein, Ihnen eine Tasse Kaffee zu offeriren?«

»Ich weiß in der That nicht …«

»O, ist gar nicht stark«, rief die schwarzlockige Asta.

»Nein, gar nicht«, bestätigte Iduna. »Sie können immerhin eine Tasse nehmen, wenn Sie auch schon welchen getrunken haben.«

»Nun denn – ich … ich bin so frei …«

Iduna erhob die Kanne. Der Fremde setzte sich und stellte den blinkenden Cylinderhut unter den Tisch.

»Trinken Sie mit viel oder wenig Milch?« fragte die blühende Hebe, anmuthsvoll lächelnd.

»Bitte, ganz wie es kömmt … Sie sind zu gütig … Ja, also … Danke, danke … Ja, also, die Frau auf der Vorflur scheint mich gar nicht verstanden zu haben …«

»O, man wird so selten verstanden in dieser unvollkommenen Welt!« seufzte Laurentia.

»Fast nie!« hauchte Eulalie mit schwärmerischem Augenaufschlag.

»So meint es der Herr ja gar nicht«, warf Rosa ein. »Ihr denkt immer an Ueberschwänglichkeiten.«

»Nehmen Sie auch ein Butterbrödchen?« fragte Iduna, indem sie nach dem Messer langte.

»Ich danke wirklich ganz verbindlichst …«

»Ja?«

»Nein, nein, das hieße Ihre Güte mißbrauchen. Ich danke aufrichtig!«

»Ein ganz kleines … Was? Sie haben gewiß einen weiten Weg gemacht …«

»Aber, Iduna, wenn der Herr doch nicht will!« versetzte Laurentia vorwurfsvoll.

»Nämlich … also …« stammelte der Fremde, »ich suche eigentlich die Vorsteherin des Pensionats, Fräulein Adelgunde Holger …«

»Die ist nicht zu Hause,« sagte Josephine.

»In der That nicht? Das thut mir leid, aufrichtig leid, und Sie wissen nicht, wann das Fräulein zurückkehrt?«

»Nicht vor heute Abend«, entgegnete die Braut mit imponirender Bestimmtheit.

»So … Sie entschuldigen … ich glaubte nämlich, die Frau da draußen hätte mich nur falsch verstanden … Also das Fräulein ist wirklich nicht zu Hause … Aber dann will ich nicht weiter stören, meine Damen … Morgen früh wäre ich wohl sicher, Fräulein Holger zu treffen?«

»Sie kommen am besten zwischen elf und zwölf«, sagte Asta mit bezauberndem Lächeln.

»Aber bitte, wollen Sie wirklich schon gehen?« fragte Rosa verbindlich.

»Ich darf nicht wagen«, entgegnete der Fremde, »Ihre Geduld länger in Anspruch zu nehmen …«

»O, wir sind gar nicht ungeduldig«, rief Asta mit der Gluth einer tiefinnerlichen Ueberzeugung.

Der Fremde hatte sich inzwischen erhoben.

»Es wäre in der That indiskret, wollte ich länger … Sie sind so gütig …«

»Sie haben mit dem Fräulein wohl wichtige Dinge zu verhandeln?« frug Asta.

»Wie unzart!« raunte Laurentia der vornehm schweigsamen Virginie zu.

Virginie lächelte spöttisch und zuckte unmerklich die Achseln, als wollte sie sagen: Was kann man von einem Mädchen, wie Asta, erwarten? –

»Ja wohl«, stammelte der Fremdling, »ich komme in einer Angelegenheit, die … die gewiß für Sie alle … Das heißt, ich will sagen, je nachdem …«

»Wie gewandt er sich ausdrückt!« flüsterte Laurentia.

Virginie nickte.

»Nun, wenn Sie denn darauf bestehen, uns nach so kurzem Besuche Ihrer angenehmen Gegenwart zu berauben«, rief Iduna nicht ohne einen Anflug von Verdruß, »so trinken Sie wenigstens Ihren Kaffee aus. Sie haben die Tasse noch nicht bis zur Hälfte geleert.«

»O, entschuldigen Sie … Gewiß, Ihr Kaffee … ist ganz ausgezeichnet … Meine Zerstreutheit …«

»Er ist zerstreut«, sagte Virginie sotto voce zu Laurentia. »Das läßt tief blicken!«

Der Fremde ergriff die Tasse, trank und verneigte sich alsdann mit jener einschmeichelnden Ritterlichkeit, die wir bereits an ihm schätzen gelernt haben.

»Meine Damen«, lächelte er in melodiösem Hochdeutsch, »ich habe die Ehre, mich allerseits ganz gehorsamst zu empfehlen.«

»Adieu!« riefen die Mädchen mit züchtigem Augenniederschlag.

»Auf Wiedersehen!« klang es vereinzelt von den thaufrischen Purpurlippen der schönen Asta.

Man erklärte unmittelbar nach dem Verschwinden des Unbekannten die Kaffee-Sitzung für aufgehoben und verfügte sich nach dem Garten, wo man paarweise promenirte.

»Virginie«, begann die aschblonde Laurentia nach einer langen Pause gedankenvollen Schweigens, »Du weißt, daß es nicht zu meinen Schwächen gehört, eitlen Einbildungen zu fröhnen …«

»Dergleichen Kindereien überlassen wir Anderen«, versetzte die vornehme Virginie.

»Zum Beispiel Eulalien, die bei jeder Gelegenheit von Eroberungen träumt.«

»Lächerlich!«

»Ich für mein Theil huldige dem Grundsatz: Erkenne Dich selbst. Wer seine Vorzüge überschätzt, verdient, daß selbst seine wirklichen Leistungen nicht anerkannt werden. Siehst Du, Virginie … ich … ich bin nicht schön …«

»Du bist auch nicht häßlich, im Gegentheil …«

»Nein, nein, ich bin nicht schön; Du brauchst mir nicht zu schmeicheln. Aber ich glaube … ohne mich zu betrügen, ohne unbescheiden zu sein …«

Sie stockte.

»Sprich Dich nur frei aus, Laurentia«, sagte Virginie herablassend. »Du weißt, ich bin Deine Freundin.«

»Ach ja … und das thut meinem Herzen so wohl, so wohl …«

Sie schlang ihre Arme um Virginiens Nacken und küßte sie.

»Nun also, was glaubst Du?« fragte die Freundin im Tone einer distinguirten Theilnahme.

»Ich glaube … Doch zuvor muß ich über einen wichtigen Punkt Deine Ansicht hören. Für was hältst Du den Herrn, der uns vorhin mit seinem Besuche überraschte?«

»Nun, ich dächte, darüber könnte kein Zweifel obwalten.«

»Nicht wahr, es liegt klar zu Tage? O, mein ahnendes Herz hat mich nicht betrogen! Die edle Stirne, der freie, offene und dabei doch so süß schwärmerische Blick, der Klang seiner Stimme … Virginie! Eine solche Stimme kann nur von den Lippen eines Dichters zittern!«

»Meinst Du?« versetzte Virginie zurückhaltend.

»Ich bin davon durchdrungen, so tief, so unabweisbar, wie von den Wahrheiten des Evangeliums. Hast Du nicht bemerkt, daß er oft gen oben blickte?«

»Nicht daß ich wüßte!«

»Aber ich habe es gesehen, und ich habe diese begeisterten Blicke verstanden! Wenn er das schöne geheimnißvolle Auge wieder senkte, so traf es mich … Ach Virginie … Ich zuckte zusammen vor diesem Flammenauge!«

»Das mag sein«, entgegnete Virginie – »allein solche Blicke sind auch anderen Menschen eigen. Warum muß er gerade ein Dichter sein?«

»Mein Instinkt, mein psychologisches Ahnungsvermögen, mein wahlverwandtschaftliches Gefühl täuscht mich nicht. Ueberdies habe ich positive Beweise.«

»Zum Beispiel?«

»Er trank die Tasse, welche Iduna ihm vorgesetzt hatte, nur zur Hälfte. Diese Gleichgültigkeit gegen materielle Genüsse, diese edle Zerstreutheit kennzeichnet den Jünger der Muse.«

»Er fand den Kaffee vielleicht zu schwach«, bemerkte Virginie. »Leute von Distinktion sind etwas Besseres gewöhnt, als unser mattes Pensionsgebräu …«

»Diese Deutung scheint mir gezwungen.«

»Sie liegt sehr nahe.«

»Ich halte an meiner Auffassung fest. Aber selbst angenommen, Du hättest Recht, so bleibt mir eine weitere Bürgschaft, die Du hoffentlich anerkennen wirst.«

»Nun?«

»Als Iduna ihn fragte: ›Nehmen Sie auch ein Butterbrod?‹ da antwortete er: ›Ich danke Ihnen wirklich ganz verbindlichst‹. Diese energische und doch zartfühlende Zurückweisung eines prosaischen Antrags, diese halbverhaltene Entrüstung … Virginie, so spricht nur ein Dichter! Verlaß Dich darauf, er ist's, er, er, dessen ideales Bild ich schon so lange in der trunkenen Seele trage!«

»Wer?«

»Nun, wer anders als Ewald Silberfluth, Ewald, der Sänger des »Verlassenen Bergschlosses« und der »Waldbachlieder«, die seit einigen Wochen im Feuilleton des »Allgemeinen Anzeigers« erscheinen. Sein ganzes Wesen erscheint mir als die reinste, vollkommenste Verkörperung dieser duftumwobenen, lichtumspielten Verse entgegen … ›Es rauschen die Wellen zu Thale, die Föhren durchsäuselt der Wind: Umzittert vom scheidenden Strahle, wie glühst Du, mein herziges Kind! Wie pocht Dir die Liebe im Busen, wie flattert Dein wehendes Haar! Ich liebe Dich, schönste der Musen, mein Herz ist Dein stiller Altar.‹ – Fühle es nach, was in diesen Rhythmen wogt, sättige Dich an der Fülle dieser Begeisterung – und dann vergegenwärtige Dir den Mann, der uns vorhin beim Kaffee überraschte. Virginie! Wenn Du dann nicht mit mir ausrufst: Er ist's! – so hat Melpomene's Kuß Dir niemals die Stirne berührt.«

»Ich glaube, Dein Enthusiasmus trübt die Klarheit deines Urtheils. Aber Du wolltest mir ein Bekenntniß machen. Du sei'st nicht schön, sagtest Du …«

»Nein, Virginie – ich bin nicht schön! Meine Wangen sind ein wenig zu bleich – meine Lippen nicht voll genug – meine Arme ... Doch wozu ermüde ich Dich mit der Aufzählung meiner Mängel? Nein, ich bin nicht schön – aber ... ich *habe eine schöne Seele*. Sieh, Virginie, das Gemüth des Dichters ist ein süßes, verschleiertes Räthsel. Wer löst seine Widersprüche? ... Virginie, Du wirst mich nicht mißverstehen, wenn ich Dir sage: Ich fühle es, daß ich auf Ewald Eindruck gemacht habe.«

Die Freundin antwortete nicht.

»Sieh, Virginie, das Gemüth des Dichters ist ein süßes, verschleiertes Räthsel ...«

»Ja, Virginie«, fuhr Laurentia im Tone einer wachsenden Begeisterung fort, »seit einer Viertelstunde gehöre ich nicht mehr dem wirren Getriebe dieser Erde an! Ich liebe und werde wieder geliebt! Tausend ätherische Fittiche tragen mich empor in die reinen Regionen des Glücks, der Wonne, der Seligkeit! Ich schwebe, ich wiege mich in dem Luftmeer einer unbeschreiblichen Verzückung! Virginie! Du bist noch nicht fünfzehn Jahre alt! Du kannst noch nicht nachempfinden, was es heißt: Lieben und geliebt zu werden ...! Aber auch Dir wird einst die Stunde der Offenbarung schlagen. Dann, wenn die Welt Dir rings umher in Nebel zerfließt, wenn Du die Atmosphäre einer geheiligteren, geistigeren, himmlischeren Existenz athmest – dann denke an mich, Virginie!«

»Wie erregt Du bist!« versetzte die Freundin.

»Erregt! Virginie, ich liebe, und Du wunderst Dich, daß ich erregt bin! Wie singt Ewald Silberfluth in seinem herrlichen Gedicht: ›Süße Qualen‹? ... ›Wenn der Sehnsucht Gluth an die Herzen pocht, wenn der Sehnsucht Fluth in den Adern kocht, wie verzehrt sich dann die entflammte Lust! wie verklärt sich dann die bewegte Brust!‹ ... Gebiete dem Ocean Schweigen, wenn der Sturm darüber einherbraust, aber verlange nicht Gelassenheit von der Seele, die liebt!«

»Laurentia«, begann jetzt Virginie, »es thut mir leid, Deine schönen Illusionen zerstören zu müssen. Du bist meine beste Freundin, wiewohl ich Deine überpoetische Auffassung des Lebens nicht theile ... Wie gesagt, es schmerzt mich aufrichtig, einen Irrwahn, der Dich so sehr zu beglücken und zu begeistern scheint, mit unbarmherziger Hand zerreißen zu sollen ... Indeß, es ist besser, ich verfahre schroff ... Wozu ein langes Hinhalten, wenn die Enttäuschung schließlich doch unvermeidlich ist ...«

»Irrwahn? Enttäuschung?« lächelte Laurentia im Gefühl einer behaglichen Sicherheit.

»Ja, liebe Laurentia, Du befindest Dich in einem traurigen Irrthum. Zunächst muß ich Dir die positive Versicherung geben, daß der Fremde von vorhin nicht Herr Ewald Silberstrom ...«

»Silberfluth«, verbesserte Laurentia.

»Gleichviel, Strom oder Fluth ... Ich muß Dir die Versicherung geben, daß der Fremde *nicht* Dein Poet aus dem ›Allgemeinen Anzeiger‹ und überhaupt kein Dichter ist.«

Laurentia lächelte mitleidig. Die Freundin fuhr fort:

»Du kannst meinem Scharfblick vertrauen ... Ich habe mich von jeher in distinguirter, vornehmer Gesellschaft bewegt. Ein Mann von einer so auffallenden Sicherheit der Manieren einer so tadellosen Routine ist *kein* Dichter.«

»Und was wäre er dann?« fragte Laurentia spöttisch.

»Ein feingebildeter Weltmann, ein Sohn aus altadeliger Familie, ein Gentleman, ein Cavalier – kurz Alles, was Du willst, nur kein Poet. Ich bitte Dich! Wie sorgfältig er gekleidet war! Die blendende Wäsche! Die reizenden Lackstiefelchen! Die elegante Halsbinde! So kostümirt sich kein Dichter! Nein, nein, ich verstehe mich darauf! Er ist aus vornehmem Geschlecht – vielleicht ein Graf, dessen Schwester zu Fräulein Holger gebracht werden soll ... Es wäre himmlisch, wenn unser Pensionat eine Gräfin bekäme. Immer nur bürgerliches Element – das ermüdet auf die Dauer entsetzlich! Man läuft Gefahr, seine Tournüre einzubüßen ...«

»Der Adel liegt nicht im Stammbaum, sondern in der Organisation der Seele!« bemerkte Laurentia bedeutsam. »Ja, Ewald ist von Adel – aber nicht in dem Sinn, wie Du es auffassest ... Er ist ein Ritter vom Geist ...«

»Und ich sage Dir, er ist zum mindesten Baron! Ich wette um was Du willst! Seine noble Zerstreutheit hatte etwas Diplomatisches! Ich möchte ihn für einen Gesandtschaftsattaché halten. Wie verächtlich er Iduna's miserablen Kaffee behandelte! Schon in diesem einen Umstande liegt eine unumstößliche Garantie.«

»O, welche Verblendung!«

»Ja wohl, Du bist verblendet! Was nun den zweiten Punkt betrifft, seine angebliche Liebe zu Dir – so erlaubst Du mir die Bemerkung, daß ich Deine Einbildung gerade zu unbegreiflich finde ...«

»So?« sagte Laurentia spitz.

»Wenn doch hier von einer Auszeichnung, einer Bevorzugung die Rede sein soll, so unterliegt es, wie mich dünkt, keinem Zweifel, daß der Baron – (ich nenne ihn so, um ihn ja nicht zu überschätzen; ich möchte indeß schwören, daß er Graf ist) – es unterliegt keinem Zweifel, sage ich, daß der Baron seine Blicke dahin wendet, wo Haltung und Erscheinung ihm die Ebenbürtige verrathen ... Ich bin wahrhaftig die Letzte, die sich auf ihren Adel etwas einbildet, aber wenn Du's denn doch absolut wissen willst, so magst Du's hören ... Der Baron hat sofort erkannt, wie die Dinge lagen. Meine Schweigsamkeit, mein aristokratisches Wesen ... Er müßte kein Cavalier sein, um auch nur eine Sekunde im Unklaren zu bleiben. Uebrigens bin ich hübsch, wie ich ohne indiskret zu sein behaupten darf ... Es fällt mir nicht im Traum ein, schon nach einer so flüchtigen Begegnung an eine ernstliche Neigung zu denken – aber, daß er sich für mich interessirt, und zwar recht lebhaft interessirt, das sagt mir sein ganzes Benehmen. O, ich verstehe mich auf die Männer! ich besitze Erfahrungen! Freilich werde ich erst zu Weihnachten fünfzehn Jahre alt, aber wer in den aristokratischen Kreisen aufgewachsen ist, der bedarf einer kürzeren Studienzeit, als Ihr Kaufmannstöchter ... Gib Acht, Laurentia, ehe das neue Semester anbricht, bin ich seine Braut! Also schlag Dir die Grillen aus dem Kopf und komm zur Vernunft. Eines schickt sich nicht für Alle!«

Laurentia lachte.

»Ich hätte Dir niemals solche Albernheiten zugetraut!« sagte sie höhnisch.

»Du wirst beleidigend ...«

»I, Deine Reden sind wirklich zu kindisch.«

»Laurentia!«

»Kindisch, sage ich!«

»Du wirst das zurücknehmen!«

»Ich denke nicht daran.«

»Du bist ungezogen! Ich wende mich an Fräulein Holger ... Ich brauche mir dergleichen nicht gefallen zu lassen von einer ...«

»Nun, von einer ...?«

»Von einer so dummen, überspannten Person.«

»Was eine geistlose Närrin sagt, kann mich nicht anfechten.«

»Mademoiselle, Sie werden impertinent!«

»Sie sind es schon lange.«

»So muß ich Sie bitten, Ihre Promenade allein fortzusetzen.«

»Bitte, ich halte Sie nicht, gnädiges Fräulein! Laufen Sie Ihrem Baron nach!« –

Virginie zuckte verächtlich die Achseln und eilte nach dem Hause. Laurentia stand einige Augenblicke hindurch in tiefes Nachdenken versunken. Dann strich sie sich das aschblonde Haar aus der Stirne und rief wie in Ekstase:

»Und er liebt mich doch! Ewald, mein Ewald, ich fliege, im Geist mit Dir zu plaudern!«

Elastischen Schrittes verfügte sie sich in den großen, gemeinschaftlichen Schlafsaal, und holte ihre Briefmappe hervor.

Sie setzte sich und schrieb:

An Ewald!

Was des Dichters Hand gestaltet,Ach, das leuchtet ewig fort:Wo das Leben selbst erkaltet,Glüht in Flammenpracht entfaltet,Noch des Dichters frommes Wort.

Deine Seele, edler Sänger,Schmiegt sich weich um mein Gemüth …

Hier stockte sie, und da wir weder rechtlich noch moralisch verpflichtet sind, ihr über die Schwierigkeiten der lyrischen Composition hinwegzuhelfen, so überlassen wir sie einstweilen ihrem Schicksal.

Während Virginie und Laurentia sich in der vorgeschilderten Weise über den schönen Unbekannten entzweiten, behandelten Rosa und Iduna im Schatten einer breitwipfligen Linde dasselbe Thema.

»Ein reizender Mensch!« sagte die Erstere mit Emphase.

»Nicht wahr?« versetzte die stattliche Iduna mit weicher, tremulirender Stimme. »Ich schwöre darauf, er ist Officier! Er hat in seinem ganzen Wesen etwas vom Gardelieutenant.«

»Das kann ich weniger beurtheilen«, entgegnete die schlanke Brünette; »so viel ist gewiß, ich hätte nie gedacht, daß ein sterblicher Jüngling so sehr dem Belvedere'schen Apollo gleichen könnte.«

»Geh, Rosa, Du übertreibst!«

»Ist er nicht göttlich?«

»Geh, geh! Ich mag solche Redensarten in den Tod nicht ausstehen. Er sieht imposant, reizend, liebenswürdig, martialisch aus …«

»Na, martialisch nun einmal gar nicht! Er ist wundervoll gewachsen, aber martialisch – nein! Eher könnte ich mir ihn als ersten Liebhaber in irgend einem feurigen Trauerspiele denken – als Romeo zum Beispiel. Ach, Iduna, bei einem solchen Romeo möchte ich Julie sein!«

Iduna erröthete.

»Ach Rosa …!«

»Nun, was ist …?«

»Daß ich Dir's nur gestehe … Es war von jeher mein höchster Wunsch … aber nicht wahr, Du bist verschwiegen wie das Grab?«

»Wie der Kirchhof!«

»Sieh, schon als Kind dachte ich mir's entzückend, die ... die Braut eines Lieutenants zu sein!«

»Wenn der Lieutenant hübsch ist, warum nicht?«

»Alle Lieutenants sind hübsch! ... Gott, wie mag ihm die kleidsame Uniform stehen, wenn er schon in Civil ...«

»Von wem redest Du denn?«

»Nun, von ihm ... von dem schönen Unbekannten! Ach Rosa ... Ich weiß was ... ja, ja, ich weiß was ... Ach Rosa ...!«

»Nun, sprich Dich aus ...«

»Siehst Du, Röschen, ich ... ich bin von Euch Allen die ... die stärkste ... wie soll ich sagen ... Ich bin eigentlich eine recht pikante Erscheinung.«

»Es geht. Was willst Du damit sagen?«

»Nun, die Lieutenants lieben dergleichen ... Siehst Du, Röschen ... er hat immer so nach mir herübergeguckt, als wollte er sagen. ›Donner und Doria! Die gefällt mir! Ist das ein Kernmädel ...!‹ Ich bin ganz roth geworden vor Verlegenheit.«

»Ich glaube, Du träumst.«

»Wie so?«

»I, was faselst Du da vom Geschmack der Lieutenants, und von seinem Herübergucken ... Er ist gar kein Lieutenant, und herübergeguckt hat er höchstens nach *mir*, wenn Du's gütigst erlaubst. Er ist schlank, wie Phöbus: Denkst Du, ein Götterjüngling trägt Verlangen, sich mit einer ... mit einer ... Na, ich will nichts sagen, aber so viel weißt Du selbst, daß Du schmählich viel Aehnlichkeit mit einer Runkelrübe hast!«

»Was? Ich glaube gar, Du bildest Dir ein ...! Na, so eine Latte wie Du ... Nein, da trau' ich ihm mehr Vernunft zu! Du hast Dich freilich sehr eifrig um ihn bemüht, aber es ist ihm nicht eingefallen, von Deinen Zudringlichkeiten Notiz zu nehmen. Daß Du's doch weißt, er hat mir zweimal mit dem rechten Auge zugezwinkert! – Was sagst Du nun, he? Ich habe seine Aufmerksamkeit gefesselt und dabei bleibt's!«

»Ob Du was sagst oder nicht ...«

»Du bist nur neidisch.«

»Neidisch? – Lächerlich! Ich neidisch auf Dich? Nein, dicke Iduna, da kennst Du mich schlecht. Gott, ich will ja nicht die Möglichkeit bestreiten, daß sich einmal Einer in Dich verliebt ... De justibus, sagt das Sprichwort, und Du bist ja soweit ganz nett – aber diesmal befindest Du Dich schmählich auf dem Holzwege. Wenn er mir nicht zweimal unter dem Tisch auf die Füße getreten hätte, wollte ich nichts sagen ... aber so ... Nein, Dunchen, Polen ist für Dich verloren!«

»Pah, wenn er Dir zufällig an die Hacken kömmt ... Uebrigens läuft man bei Deinen langen Beinen immer Gefahr, mit Dir zu caramboliren.«

»Ich will nicht länger streiten. Glaub' was Du willst!«

»Das thu' ich auch! Mir hat er zugezwinkert!«

»Ja, er hat wahrscheinlich mit dem Lachen gekämpft, weil Deine untersetzte Statur sich in dem ausgeschnittenen Jäckchen so urkomisch macht. Das deutest Du nun nach Deinem Bedürfniß aus, ohne zu bedenken, wie gräulich Du Dich blamirst.«

»Nicht so, wie Du!«

»Runkelrübe!«

Iduna erhob sich.

»Wenn Fräulein Holger zurückkommt, will ich ihr erzählen, wie unanständig Du Dich beträgst. Du dumme, häßliche Gans!«

»Runkelrübe, Runkelrübe!« rief Rosa ihr nach. Die Schwergekränkte verschwand hinter den Taxushecken.

In diesem Augenblicke ließen sich Stimmen vernehmen. Martha, die ernste, bleiche Martha, und Asta, das frische Naturkind, traten auf Rosa zu und apostrophirten sie gleichzeitig mit großer Lebhaftigkeit.

»Nicht wahr, ein Maler? So genial zerstreut sind nur Künstler!«

Selbstverständlicher Weise handelte es sich wiederum um den schönen Unbekannten.

»Was sagst Du, Röschen?« fragte Asta eifrig. »Ist er ein Künstler, oder ein Gelehrter?«

»Nicht wahr, augenscheinlich ein junger Privatdocent?« rief Martha.

»Nicht wahr ein Maler? So genial zerstreut sind nur Künstler! Er hat ja nicht einmal seinen Kaffee ausgetrunken!«

»Das passirt just den Gelehrten am leichtesten«, meinte Martha.

»Sprich, Röschen, wer hat Recht?« fragte die Andere, indem sie der Freundin Hand ergriff.

»Mein Gott«, versetzte Rosa, »woher soll denn gerade ich wissen ...«

»Ach, Du bist immer so klug«, sagte Asta naiv … »Virginie behauptete noch gestern, Du seist mit allen Hunden gehetzt.«

»Pfui! hat sie das gesagt? Aber diesmal kann ich demungeachtet nicht dienen …«

»Sein Blick ist so geistvoll, so philosophisch«, seufzte Martha.

»Er ist ein Künstler, wie er im Buch steht! Ach, was gäb' ich darum, wenn ich Gewißheit hätte!«

»… Alles, was er sprach«, flüsterte Martha, »trug den Stempel einer tiefen, umfassenden Bildung.«

»Nun, nun«, versetzte Rosa, »spann mir die Seiten nicht zu hoch. Er hat ja kaum sechs Worte vom Stapel gelassen!«

Martha erröthete.

»Es ist wahr, er sprach wenig, aber *was* er sprach, beste Rosa, *was* er sprach …«

»Bezog sich auf die alte Barbara, den Kaffee und Fräulein Holger. Nein, Martha, Du mußt Dir und Andern nichts vorschwindeln. Er ist nett, sehr nett, aber daß er auch nur Ein besonders tiefsinniges Wort gesagt hätte … nein, das ist die pure Backfisch-Phantasie. Wozu auch? Die geistreichen Männer taugen alle nicht viel. Sie tyrannisiren uns, sie betrügen uns! Schön, stattlich, feurig muß der Mann sein, dem ich mein Herz und meine Hand schenke – aber geistreich? nein …!«

»Ach«, flüsterte Martha, »es ist doch so herrlich, dem Fluge kühner Ideen zu folgen, wie sie in der Seele eines Denkers reifen. – Es wäre mir unmöglich, auf Geist zu verzichten!«

»Ich lege mehr Werth auf ein flottes, leichtlebiges Wesen«, sagte Asta. »Genial muß er sein, ausgelassen, toll, kurz eine echte Künstlernatur! Künstler machen wenig Ansprüche, sie begnügen sich mit einem Teller Suppe, und schelten nicht, wenn sie versalzen ist. Just aus diesem Gesichtspunkte hat mir der Fremde imponirt. Er trug nur *einen* Handschuh; gewiß war der andere zerrissen. Ein Pedant würde hierüber außer sich gerathen: mein Künstler kehrte sich nicht daran!«

»Sagt einmal, Kinder«, begann Martha nach einer Pause … »glaubt Ihr … glaubt Ihr, daß ich dem Herrn Gelehrten ein wenig gefallen habe?«

»Möglich«, versetzte Rosa.

»I, keine Idee«, sagte Asta, »Du bist viel zu steif, zu altfränkisch. Du kannst ja nicht einmal lachen.«

»O, ich kann schon, aber ich finde es unschicklich, bei jeder Gelegenheit loszuplatzen, wie das so Deine Art ist.«

»Künstler lieben das!«

»Künstler?«

»Sie lieben das leidenschaftlich, sage ich Dir.«

»Wie heißt's doch bei Sophokles! – ›Es lacht der Narr, selbst wo es nichts zu lachen giebt.‹«

»Du mit Deinem ewigen Sophokles!«

»Du natürlich hast für klassische Literatur keinen Sinn.«

»Ich habe Sinn für alles Vernünftige. Das griechische Zeug natürlich ist mir zuwider.«

»Du hast Sophokles nie gelesen.«

»Ich hab' ihn einmal angefangen. Gott behüt' mich! Keine sechs Worte hab' ich verstanden. Dumas schreibt weit amüsanter.«

»Dumas! Du kennst Dumas?«

»Weshalb nicht?«

»Hörst Du, Rosa? Sie kennt Dumas!«

»I,« sagte Rosa, »Du wirst uns doch nicht vormachen wollen, Deine ausschließliche Lektüre bestehe im Sophokles.«

»Wenn das Fräulein Holger wüßte!« rief Martha.

»Die ist die Rechte!« sagte Asta. »Uns giebt sie gute Lehren, aber sie selbst thut, was sie will.«

»Pfui, wie lieblos!« seufzte die bleiche Martha kopfschüttelnd. »Nein, ein Mädchen wie Du … Ich steige in meiner eigenen Hochachtung. Ich bin jetzt überzeugt …«

»Wovon?«

»Daß ich allein im Stande sein werde, die moralischen und intellektuellen Anforderungen des geistvollen jungen Mannes zu befriedigen.«

»Das war schön gesagt!« lachte Rosa …

Jetzt rauschte eine Robe über den Kies des Weges; Virginie trat auf das diskutirende Kleeblatt hinzu. Sie schien außerordentlich heiter.

»Mesdames«, begann sie, »eine charmante Neuigkeit!«

»Nun, laß hören.«

»Ich gehe da eben an der Jasminlaube vorüber. Was glaubt Ihr, was ich erlauschte? – Eulalie, die sanfte, hingebende Eulalie liegt weinend am Busen Josephinens!«

»Ah?« riefen die Mädchen wie aus einem Munde.

»Eulalie, die sanfte, hingebende Eulalie liegt weinend am Busen Josephinens!«

»Ja, sie schwamm in Thränen. Und wißt Ihr, weshalb? Ich habe mich bis dicht ans Gatterwerk herangeschlichen und jede Silbe gehört. Sie ist verliebt!«

»Ah! In wen?«

»In den jungen Herrn von vorhin.«

»Ist's möglich?«

»Ja, verliebt wie eine Turteltaube, verliebt in einen Kavalier, der natürlich niemals daran denken wird, die Tochter eines Hotelbesitzers, eines gewesenen Kellners zur Frau zu nehmen.«

»Ah, Du kennst ihn, Du weißt was er ist?« fragte Asta.

»Ich kenne ihn, ja, denn ein Blick auf seine distinguirte Erscheinung genügt, um mir seine Verhältnisse zu entschleiern. Na, nun denkt Euch mein Amusement! Eulalie bekennt ihrer ›theuren Phina‹, das ›milde herzgewinnende Wesen‹ des Unbekannten habe ihr Ruhe und Frieden geraubt. Sie fühle, daß sie nur an seiner Seite leben und athmen könne. Eine innere Stimme rufe ihr zu. ›Er – oder Keiner!‹ Josephine tröstete das arme Kind, so gut es gehen wollte. Ich hätte laut auflachen mögen.«

»Die gute Eulalie!« sagte Martha nachdenklich.

»Wir wollen sie heute Abend recht foppen«, proponirte Asta.

»Nicht doch«, rief Martha. »Unglückliche Liebe ist ja kein Verbrechen.«

»Aber eine Dummheit«, versetzte Virginie. »Denkt Euch, Laurentia befindet sich in dem gleichen Fall!«

»Ist's möglich? Die verhimmelte Laurentia hat wieder einmal Feuer gefangen?« lachte Asta. »Nun wird's wieder Verse regnen in allen Tonarten.«

Virginie erzählte ihre Unterredung mit der Aschblonden, ohne indeß anzudeuten, was sie ihrerseits von der Situation halte.

Da erscholl die Glocke.

»Der Professor ist da!« klang es von den Lippen der Jungfrauen. Bald darauf versammelte man sich im Unterrichtszimmer, um Doktor Flexberger's Vorlesungen über deutsche Literatur zu genießen. Doktor Flexberger war, wie wir zur Beruhigung des ahnungsvollen Lesers in Parenthese bemerken, ein dürres, wackliges Männchen von sechzig Jahren, also in jeder Beziehung ungefährlich. Wie hätte auch sonst der schöne Unbekannte so plötzlich und universell zünden können?

Die Frist bis zur Rückkehr der Vorsteherin verfloß den aufgeregten Mädchen nur sehr zögernd.

Laurentia verfaßte in der englischen Stunde – Miß Jobbington hatte sich inzwischen wieder erholt – ein Liebeslied im Style Robert Burns', mit dem Refrain:

»My darling, oh, my dear!«

Virginie zeichnete auf ihre Schreibmappe eine Grafenkrone über die andere und skizzirte alle erdenklichen Wappen.

Iduna verfertigte aus geknetetem Brote einen Degen von zwei Zoll Länge und bediente sich seiner als Buchzeichen.

Martha bemühte sich, ein paar griechische Lettern in möglichster Vollkommenheit nachzumalen.

Asta schnitt ein großes »Er!« in den Tisch und umzirkelte die bedeutungsvolle Silbe mit einem flammenden Herzen.

Eulalie schwieg und seufzte.

Rosa komponirte einen feurigen Liebesbrief, der mit den Worten begann:

»Schlanker, strahlender Götterjüngling!«

Josephine warf Eulalien freundliche, verständnißinnige Blicke zu.

Die Vorsteherin kam gegen Abend zurück und fragte ob Jemand dagewesen sei.

»Ja, ein junger Herr«, sagte Josephine.

»Hat er nichts hinterlassen?«

»Er will morgen früh wiederkommen.«

»Gut!«

Hiermit war die Angelegenheit erledigt. Niemand wagte zu fragen, denn Fräulein Holger war sehr streng.

Des andern Tages um zehn Uhr befanden sich die Mädchen wieder im Garten. Die Freistunde hatte gerade begonnen. In dem blühenden Jungfrauenkreise fehlte nur Rosa.

»Ob er wohl kommen wird?« flüsterte Eulalie mit bebender Stimme.

»Ohne Zweifel«, beschwichtigte Josephine.

»Ach, wenn er ausbliebe, es wäre mein Tod, Phina! Du weißt ja, was es heißt, im tiefsten Herzensgrunde ...«

»Ja, ja, ich weiß, Kind! Fasse Dich nur, damit Niemand merkt, wie gewaltig Du ergriffen bist.«

»Ich hätte große Lust, einmal nachzusehen!« rief jetzt Asta mit heller Lebendigkeit. »Rosa läßt uns warten, wie komplete Einfaltspinsel! Ich wette, er ist längst da. Sie mißgönnt uns nur seinen Anblick!«

»Nicht doch«, sagte Martha. »Wir haben geloost, Rosa muß aufpassen, und sie wird ihre Schuldigkeit thun. Seit heute früh hat sie für Nichts Auge und Ohr, als für ihre Pflicht. Wenn nur ein Bleistift zu Boden fällt, zuckt sie zusammen, wie eine Schildwache auf dem Vorposten. Sie ist von uns Allen die Schlauste.«

»Aber schaden kann's ja nichts ...«

»Doch, doch! Sobald Fräulein Holger merkt, daß wir uns für den Herrn interessiren, wird sie ihre Vorsichtsmaßregeln treffen, so daß wir unter Umständen nicht das Geringste erfahren. Bitte, bitte, bleib' hier an meiner Seite.«

»Ja, ja, Du mußt hierbleiben«, riefen jetzt auch Iduna und Virginie.

Es verstrich eine Viertelstunde. Die Mädchen waren schweigsamer denn je. Laurentia betrachtete die weißen Wölkchen, die hoch im Aether segelten, und murmelte durch die Zähne:

»My darling, oh, my dear!« …

Da endlich! Sie ist's! Rosa, Rosa, die Botin der Liebe! Sie winkt schon von Weitem mit dem Taschentuche! Flüchtig, wie eine Sylphide, hüpft sie über den Rasen! …

»Hier, kommt einmal alle dicht zu mir heran!« ruft sie athemlos. »So … Bildet einen Kreis! Und nun sperrt die Ohren auf!«

Die Mädchen thaten, wie geheißen.

»Nun rathet!«

»Was, was?« stammelten die Kinder.

»Rathet, was ich gehört habe.«

»Wie können wir …!«

»Nun, ich will's Euch erzählen. Ich habe keine Silbe verloren. Ich war im Alkoven verborgen, während die Alte mit ihm verhandelte.«

»Sprich, sprich!«

»Der schöne, heißgeliebte Fremdling ist –«

Athemlose Spannung.

»– Der neue Hühneraugen-Operateur, den die Hofräthin der Alten so dringend empfohlen hat! – Kinder, wer hat's nöthig?«

Allgemeines Erbleichen. Rosa schüttelte sich vor Lachen. Auch Asta stimmte, nachdem die erste Verblüfftheit verwunden war, herzhaft mit ein.

»Unmöglich!« rief Virginie.

»Sie träumt!« sagte Martha.

»Welche Blasphemie!« seufzte Laurentia.

»Ich gebe Euch mein Ehrenwort! Er ist gegenwärtig damit beschäftigt, der leichtfüßigen Fräulein Holger …«

»Pfui!« klang es im Chore.

»Ich machte, daß ich fortkam«, lachte Rosa. »Nochmals, wer von Euch hat Lust …?«

»Pfui, Pfui, Pfui!« wiederholten die enttäuschten Jungfrauen.

Eulalie vermochte sich nicht mehr zu beherrschen. Sie warf sich Josephinen in die Arme und brach in Thränen aus.

Noch desselbigen Tages vernichtete Iduna ihr brodgeknetetes Buchzeichen, Virginie ihre zierlich gekritzelten Grafenkronen, Asta ihr geschnittenes »Er« und Rosa ihren Liebesbrief.

Nur Laurentia hob ihre Poesien für künftige Fälle auf, da sie ja im Grunde nur an Ewald gerichtet gewesen, nicht aber an Isidor Hefenträger, wie der schöne Unbekannte sich laut Visitenkarte betitelte.

Noch lange hänselte man sich gegenseitig mit dem geheimnißvollen Jüngling, bis das wunderbare Abenteuer durch andere Ereignisse in den Hintergrund gedrängt wurde. Für die Genauigkeit seiner Berichterstattung leistet der Verfasser unbedingte Bürgschaft. Er hat die Daten aus erster Hand, denn – (nicht ohne eine gewisse Verlegenheit schreibt er dies Bekenntniß nieder) – eine der sieben verliebten Damen ist später im Lauf der Jahre seine glückliche Gattin geworden. Sie hat sich inzwischen für »schöne Unbekannte« Gott sei Dank in gebührender Weise abgekühlt! Nicht wahr, Schätzchen?

9 789356 903104

Printed at Repro India Ltd.